Para Cenar Habrá Nostalgia

Fior E. Plasencia

Title ID:5910862
ISBN-13: 978-0692630174
ISBN-10: 0692630171

www. mujerconvoz.com
E-mail: Mujerconvoz_poetry@outlook.com
Instagram: @Mujerconvoz_poetry

Graphic design: Jarlyne Batista Jarlynebatista@gmail.com
Cover images: Joelle Santos IG @Azuquita.prieta
Editors: Angela Abreu, Karolyn Castro, & Pilar González.
Content advisor: Yrene Santos
Photos inside the book: Fernelis Lajara IG @Laj13

Publisher: **DWA Press** a branch of
Dominican Writers Associaton
www.Dominicanwritersassociation.com

The poem "Dilema Mío" was previously published in *The Acentos Review.* An earlier version of the poems "Tercera Guerra Mundial," and "Morena en Exilio" appeared on *Teamguerreras.com.* Additionally, the poem, "La Línea del Hambre y la Espera" has been printed in *Brown, Proud, and Loud Zine.*

Para Cenar Habrá Nostalgia

Fior E. Plasencia

DWA Press

Para cenar habrá nostalgia. Fior E. Plasencia

Menú nostalgia. A los comensales de Fior Plasencia, She who "Lets the *chemba* shine" invites us in.

De su mano la 'gastronomía poética' de raciones generosas y variadas, nos presenta a quien observa atentamente sus mundos. Los multiversos de su universo, su aquí y allá miran muy de cerca lo nuestro, en español, inglés, traducciones y en Dominicanish. Tasting notes: a vibrant aroma with flavors of guayaba, 'pan con avena before the sun is born', tostones, morir soñando, 'every sopa' and roses plus, gladly for our delight, reveling and rebelling herself. Joyfully augurando a fruitful creative life. Sí.

Josefina Báez
Dominicanyork artist, author of *"Como la Una"* and others.

Para mi sobrina,
Liah Rosemar

Table of Contents

I dream too hard. I wake up and my mind is ten years ahead. I dream. I dreamt. I am always dreaming, and this is just the beginning of another dream within a dream. I want to hold this in my hand, as if I were holding the island, my island, and telling my people, my ancestors, my blood, that I have taken them with me across the ocean. I have never left. Even though I was placed in an airplane away from my mother's sugar cane eyes, holding my sisters' hands and looking up for my dad, I never left. After nineteen years of leaving, I am still the same; the years have just amplified who I am — the diaspora, the nostalgia, the woman, falling in "love," the missing-something that I don't know, the accent, the adaptation, the remains in New York and Jarabacoa, the future, in me, in me, in me, the ocean. I dreamed that I began writing for those who will come after me: you.

Fior E. Plasencia
(Mujer con Voz)

Yo sueño con demasiada fuerza. Me despierto y ya estoy
especulando sobre diez años por adelantado. Yo sueño. Soñé.
Siempre estoy soñando y esto es sólo el inicio de otro sueño
dentro de un ensueño. Quiero mantener esto en mi mano, como
si yo estuviera sosteniendo la isla, mi isla, y diciéndole a mi
gente, a mis antepasados, a mi sangre, que los he traído conmigo
a través del océano. Nunca me fui, aunque me colocaran en un
avión lejos de los ojos de caña de azúcar de mi madre,
sosteniendo las manos de mis hermanas y cuidando de mi papá,
nunca partí. Después de diecinueve años, sigo siendo la misma,
los años inmediatamente amplificaron quién soy — la diáspora,
la nostalgia, la mujer que se asfixia, la falta de algo que yo no sé,
el acento, la adaptación, los restos en Nueva York y Jarabacoa,
el futuro, en mí, en mí, en mí, el mar. Soñé y empecé a escribir
para los que llegarán detrás de mí: tú.

Fior E. Plasencia
(Mujer con Voz)

Eran las siete de la mañana
y uno por uno al matadero
pues cada cual tiene su precio
buscando visa para un sueño.

— *"Buscando Visa Para un Sueño"*
Juan Luis Guerra y 440 tocando en vivo en los 90s.

CAFÉ

Ojos café
Constelación de debilidades
Universo escandaloso
Una estrella dentro del comienzo…

COFFEE

Brown eyes
Constellation of weaknesses
Loud universe
A star within the start…

CITA DEL CONSULADO

Carry proof of:
address/work/education
bank account/family last name/and **existence.**

Bring:
a photo 4x4/money for the *affidavit*
acta de nacimiento/acta de bautizo
acta de matrimonio/and **a rich pocket.**

El compadre will tell you:
"borrow some black *pantalones* and an ironed shirt,
put on perfume that can be smelled from ten kilometers
bring a gold chain and a *reloj que funcione,*
eat *pan* y *avena* on your way there before the sun is born,
take more *pesos* and put it under your sock,
memorize all the answers to the *preguntas,*
pray to la *Virgen María* in the *autopista,*
persinate cinco veces when they call you through the speaker,
don't even wink.
Don't even breathe.
Pretend you are made of cement."

A stamp in the *consulado* will be waiting
at an old empty desk,
like it was at the top of a volcano
full of lava,
and you are the *pueblos* nearby hoping to not get burned,
proceda con cuidado,
calm down,
if you fail, try again…

Again.
Again.
Otra véz.

NAUFRAGIO AEREO

Quién

nos trajo hasta aquí,
con muchos
papeleos de viento
Camas opuestas
Nombres mal pronunciados

Quién

fue el de la brillante idea
de prestar sin acudir
envolviendo el sueño gastado
en un país desconocido
Miradas juzgando
Sillas asesinas

Quién

nos arrancó la matriz
desde noviembre del noventa y cinco
con actas arregladas corriendo
Bultos barrigones
Nombres mal escritos

Quién

decidió en la prueba diagonal
con filas a cuáles ponerles los pies
como un mandato
Letreros indiferentes
Aduana rasurada

Quién

nos devolvió hasta allá
con muchos recuerdos matados
Camas de madera
Nombres disfuncionales
No somos los mismos
desde el naufragio aéreo.

MORENA EN EXILIO

Si los pasaportes hablaran...

Mano prieta
Mal hablá'
Llena de tierra
Abierta por la palma
Acomplejá'
Culto mis ojos
Amarga mi lengua
Estas manos serán
mi punto de partida
cuando el nudo
suelte sus plumas
sucias del exilio
  ¡Hazlo!
  Hazlo ahora
  Hazlo sin pena
Hunde bien mis venas
Ponle abrigo al viento
para que no convierta
mi añoranza en ceniza
entierra bien mis pesares
antes de que caduque el
pasaporte entre la espera.

DARK SKINNED WOMAN IN EXILE

If passports could talk...

Brown hands
Bad-spoken
Filled with soil
Opened by the palm
Complex
My eyes, intelligent
My tongue, bitter
These hands will
be my starting point
when the knot
releases its dirty feathers
from exile
>Do it!
>Do it now
>Do it painlessly
Sink into my veins
Shelter the wind
So that you won't convert
my longing to ash
Bury well my sorrows
before they expire
with the passport
while I wait.

A mis ancestros

¿QUIÉN LE BORRA EL DOLOR A LA HISPANIOLA?

Hazme crecer entre tus ramas, esas caderas verdes traídas
de una mulata-indígena-mestiza.
Con tu pincel amarillento conviérteme en tiempo.
Quiero borrar las lágrimas de los descubrimientos estresantes
que borraron los comienzos.
Quiero tragarme tu tronco y tener tu fortaleza aguda,
para hablar, en vez de aguantar cuando el hacha se acerque.

WHO IS GOING TO HEAL HISPANIOLA?
Make me grow between your branches, those green hips
brought
from a mulatto- Indian- mestizo.
With your yellow brush change me into time.
I want to wipe the tears of the discoveries that erased
the beginnings.
I want to swallow your torso and keep your sharp strength,
to speak rather than remain still when the ax approaches.

ESPALDAS MARRONES

(Leyendo con furia)
Anacaona, no lloras tú sola
cuando te arrancan el paraíso
que acalora tus ojos taínos
¿Quiénes diablos son ustedes?
¿Con qué valor vienen?
(Respirando rápido)
barriendo con los barcos
la raíz de los patios
pintando roja la sombra
de las espaldas marrones
llevando y trayendo
como si fueran juguetes,
reemplazó al acabar con nuestra especie
(Pausa para pensar)
Manchando el piso con mentiras
Prendiendo en llama
la virginidad
dividiendo a crías y
a sus mamás
(Grita)
Uniendo a las malas...
¡Castigando!
¡Sofocando!
¡Imponiendo!
No los culpo a ellos
Culpo la ignorancia
dormida entre las nieblas
del que no lee
del que no siente
del que no cuestiona
del que no aprende
Anacaona, ese espejo no nos descubrió
tampoco la brújula

Fuimos humanos
mucho antes de
ponerle nombre
a nuestra loma
(Respira profundo)
(Respira)
Colonizaron el suelo...
pero no la mente, pero no la mente.

BROWN BACKS

(Reading furiously)
Anacaona, do not cry alone
when they tear up the paradise
that warms your Taino eyes
Who the hell are you?
With what right do you come?
(Breathing quickly)
sweeping with ships
the roots of our yards
painting the shadows of the brown backs
red
bringing and taking them
like toys, replacements
for the species
they wiped out
(Pause to think)
Staining the floor with lies
Flames igniting virginity
dividing children and
their mothers
(Shout)
Forced to be together...
Punishing!
Suffocating!
Imposing!
I do not blame them
I blame the ignorance
asleep in the fog
In the one who doesn't read
in the one who doesn't feel
in the one who doesn't question
in the one who doesn't learn
Anacaona, the mirror didn't discover us
nor did the compass

We were human
long before
naming our hill
(Breathe deeply)
(Breathe)
They colonized the soil...
but not the mind, but not the mind.

"We don't see things as they are, we see them as we are."

— Anaïs Nin

PEELING

Immigrant, you drifted in me
Immigrant, you journeyed on my ground
Immigrant, you traveled through my oxygen

running naked in front of strangers
That's right, you are dangerous
Even if your skin is covered in shells
and poems
sores that weren't cherry-picked
by you or your descendants
I am still you
when I am transcribing this verse
across from a gray echo
I am still you
when I am reading this
from someone's eyeballs

peel me from the inside
discover that I am more than history
In a small house, I want to foster my child
I need a cure for this poverty
I dream
of being born in a sonnet under your eyeliner
folding myself in half
so that you can grasp
what's in between my bones and
what I have to offer

let me be born again
let me be another again

in this person you call you
in this field you call yours
in this oxygen I call ours

breathe inside me
read me.

"¿Tú no quería Nueva Yol? ¡Coge tu Nueva Yol!"

— Balbuena

IN EVERY SOPA

Lunes intrépido
faldas del cordón umbilical de la cama
persiguen en la travesía of the survival of the fittest.
¡GRAN COSA!
La mente de una muchacha universitaria
se transporta, ahí,
a la raíz de la curva de la inauguración
donde está un portón de posibilidades
& millions of hands that locked them often,
perico ripiao'
with an English speaking catholic priest.
Todo in one,
un revolú' de cosas.
Nobody speaks up on the island about how
el inglés machucao'
would b r e a k
each of my sentimental huesos,
the misery of la división de poder between el pobre de
Washington Heights
y el solterón de Wall Street will be present in every sopa.
Nadie dijo nada...
It's natural,
we Dominicans,
we hide los trasnochos debajo del colchón
we plant the smile on the cien.

Lunes or Monday
más bien,
como dice mi madre "mondaii," is here
I will face it anyway,

14

even without the revolutionary help of the americanos,
the mindset of a Mirabal travels with me everywhere,
even in the land of the unknown.

"Ai don pico ingli, du yu pico panish?

—Everyone on their first day

"No se español y el inglés se me olvidó."

— Mi madre

MUNDOS OPUESTOS

The accent lo traigo debajo del brazo del horizonte,
acechando las curvas de mi saliva.
          Se ha convertido en mi sombra leal,
puntual para señalar de donde vengo,
temeroso para negar adonde voy.

Sin tabúes, ver el atardecer abrazando los costados
del que emigra como hormiga
                y del que sueña en dos lenguajes…
Aún así están los dedos sueltos apuntando con sus prejuicios,
a los que se adaptan donde su hambre los enjuague,
olvidando con cara de jueces,
de dónde son sus madres.

Horizonte arropa mi fuerza,
horizonte abriga mi acento,
          me desnudaré en dos mundos opuestos
aun así, me den el título de analfabeto.

DILEMA MÍO

Intuition, savage *morir soñando* runs though my *rizos*.
Test scores jumping back and forth *en la aposento*, breaking the
calmness one-by-one.

¡Te quiero tibia!
sublime and Anacaona.
Half new yorkina blended with *arepa*.

How don't you comprehend?
Juan Pablo Duarte can't just get away from the historical
context of my *coco*.
I don't care *si ahora tendré que* memorize all the native American
chiefs,
la hipocresía de la great depression, NASA, the terms of the
president, la Constitución…
Sus víctimas y sus zozobras.

Yes!
Yes! *Yo sigo las* laws, *¿Cuál es la vaina?*
You can't call me a *marciano*, when you, *si… tú!* Sir
You are a product of the *puritanos*

So *dejemos la* indifference and like you are accustomed to saying,
"Don't take it personally"
you are a *plátano que no termina de desarrollar*.

Stab my passport *Cibaeño* with superstitions,
una sonrisa plástica and a thousand dreams *incumplidos*.
I would have to blend *bachata* con John Mayer,
Café Bustelo *con leche del supermercado* Bravo
recuerdos con el Empire State Building
make me wake up early in the *mañanita, fumando* cold weather
make my *piel canela* pale,
speak gringo.

But, no!
¡¡Concho!!
I refuse to be a *copia de tu zafacón,*
soy mi propio laboratorio,
soy una sola.
Yo.
Caribe
y todas las cosas.

PARA CENAR HABRÁ NOSTALGIA

Las daughters of *fulana* eat with their dreams.
Ugly Betty had NOT one bit of their exoticism
(*Chiquita.Morenita.Flaca.*)

It's like they swallow the Caribbean in their hips
It's like they dance with the brain before it goes to sleep
It's like they never left the land the ancestor had for them
It's like they haven't tasted New York's vomit of arrogance
It's like they're still fresh meat correcting others when
pronouncing
(*Nombres.Apellidos.Caras.*)

As if nobody understands their Spanglish
As if nobody can remember how they got their passports
As if nobody had a soul between the layers of the skin
As if nobody cries when others laugh at your highlighted shirt
As if nobody swallows *la furia y orgullo* from
(*Malentendidos.Estereotipos.Noticias.*)

*Las hija*s of Fulana drink books to sleep with a diploma next to
the door
A connection between *aborigines* and *la lucha*
Those fulanas; you, them or me
make love silently in their brains with the *nostalgia.*
Returning without moving a foot...
Giving birth to a new-old-sweaty day.
Forgetting and remembering
to *sobrevivir.*

MY MOTHER TOLD ME

My mother told me to get an **education**
to not clean with her tears
toilets that do not belong in my hands
She did not want to see me cry
inside a bubble only injustices can break
"Go ahead and get your degree
on the concrete soil of ignorance,"
- she said
Little did she know about other atrocities
that are written in English and are never
understood with her Dominican English
and they flushed me
down the drain
when college was over
and I was still at the bottom of the pyramid.
My mother told me!
My mother advised me...
but the water from the top
damaged my dreams
I still don't know who
I am?
I am...

MI MADRE ME DIJO

Mi madre me dijo que obtuviera una **educación**
para no limpiar con sus lágrimas
inodoros que no pertenecen a mis manos
Llorar no quería verme ella
dentro de una burbuja que solo las injusticias
romper pueden
"Vaya por delante en el concreto suelo de ignorantes
y consiga su carrera",
- ella insistió
Sabía poco ella de otras atrocidades
que escritas en inglés están
y nunca entendidas son por su inglés dominicano
y al terminar la universidad
me vacían por el desagüe
En lo más bajo de la pirámide estaba.
¡Mi madre me dijo!
Mi madre me aconsejó...
pero el agua desde la parte superior
mis sueños daña
todavía yo, no sé quien
¿soy?
Soy...

MORDIENDO LOS PESARES

It's time to speak, but you consume the silence.
Es tiempo de irse, pero te quedas.
Speak a language that sounds uncaring
mordiendo los pesares,
with pain in your teeth, since you ponder
estás traicionando tu patria.

It's time to sleep, but your eyes are reading the Constitution
de lucha contra las injusticias,
seeing your daughter with a degree even though
tú viniste en una yola
running away from the evil economy and corruption
hiciste tu propia batalla y la ganaste.

"There is always time"
dice mi viejo,
I am sure there is
y cuando lo arranque de las manos equivocadas
I will make him scream of
alegría y desesperación.

"The easiest language to learn but hardest to speak is mutual understanding. It is easy because you don't even have to speak it with words, but hard because you never can seem to find the right person to speak it to."

— Julia Alvarez, How Tía Lola Came to ~~Visit~~ Stay

ATERRIZAJE BILINGÜE

Bilingual,
Bilingual world **(mundo)**
Bilingual class,
Bilingual **(bilingüe)** section
She just landed **(aterrizó)** in your
middle school's
backyard **(patio)** - land
with a fresh smell **(olor)** of
tostones fritos
scared,
scared **(asustada)**,
scared
you don't want to know.
Her, wearing used
clothes from somebody
she didn't even know
and was told she was
not awful.

The prayers to the *Virgen de la Altagracia* didn't work.
Oh no! Oh no!
She, the *campesina embullá'*
was so mistaken. The mainstream kids glared at her.

No, it was not an alien
descending from the *santo cielo.*
It was your old-fashioned

coffee shirt
that looked like it was from your aunt and
tight jeans that did not fit.

I bet they have not smelled the Caribbean.
I bet they have not touched the air of the *campo*.
I bet they have not had four sisters with different colored skin.

That's why she walked
like nothing was wrong.
Nothing was wicked.
It was not her fault.
We're still primitive in the 2000s.
She's careless.
She walked by,
and as her teenage years continued to fly **(volar)**…
la virgen did not leave her side **(a su lado)**.

¿COMÓ SE DICE NOVELA EN ENGLISH?

Novelas
No-verlas
No velas

    Ellas la ven
    Él no
    Él no entiende esa vaina
       No prendan la televisión
         Prendan la vida mejor
            la vida es una, ¿no?
                es solo una oportunidad
                  solo pierdes ganando
                     pierdes tiempo sentado
                       el tiempo no vuelve

No vuelvas con tus
Novelas
¡No-verlas!
    Vean las realidades
       razona hoy.

Pegaste botones, zeeper hasta con la boca
y le aguantaste vainas a todita la aquerosa
subite nevera con cinco vaca a'entro
y un invierno en Nueva Yol te vite muelto.

— *"La Hora de Volve'"*
by Rita Indiana y Los Misterios

Photo by Fernelis Lajara

RESIDENCIA EXTRANJERA

Cuando estaba recién llegado
mi perfume olía a campesino
caminaba en el hilo de una burbuja
vestía de naranja diligente
tenía la cola de caballo bien alta
no importaba nada

Cuando era carne fresca
no entendía los letreros del subway
la nieve era un mito
la gente me miraba
yo como si nada

Cuando la residencia se me hizo media vieja
me sentí prisionero del invierno
los amigos cesaron
la sonrisa se buscó una pareja y fragmentó
todo no era similar
pero tenía que disimular
no pasaba nada

Cuando ya me convertí en ciudadano
el hambre se me hizo ajena
los vecinos no me conocen
tranquila y sonámbula se volvió la noche
dejé de ser campante
dejé de ser campesino
dejé de existir
todo dio un giro con un vuelo
pero hay que confiar
no va a pasar nada
porque la nada ya pasó.

VAKANO TÍO

"*¡Cierra el catre!*"
he said through his huge teeth,
the neoyorkino americanizado
on the train.
That same strict guy,
who kept his eyes on the power,
but never claimed it.
And la *carajita*,
the same one who wore a floral dress
and a high ponytail
finally, that afternoon, she felt strange to
be enclosed in the pressures of society,
¡Oh! rather,
la imposición del afamado
vakano tío.

A mi padre

NOSTALGIA & GUAYABA

Tengo hambre.
Tengo sueño.
Tengo nervios.
Tengo varios deseos.
Me desespera el encierro
quiero... yo consigo
y sigo soñando de nuevo
de casas que no he recorrido
de pasillos de la niñez
memoria que vuelve a sí misma
estoy hambriento
estoy dormido
estoy nervioso
tengo una enfermedad que no tiene fin
sigo con hambre de comer guayaba
sigo con sueños dentro de un sueño
siguen las venas brincando en mi puerta
que puedo hacer...
después que despierto
y el cuadro de nostalgia sigue allí
intacta
llamándome a regresar a la desnudez
a mojarme de agua que cae sin prejuicios
a sentir el viento con cara de amigo
a amar el suelo
estoy alentado
estoy contento
estoy en mis cabales
[y después se despierta el sueño
dejándolo inconsciente en una realidad]
no estoy en suelo de mi patria, no estoy en ningúna parte.

APOCALIPSIS

El tren A viene porque sí, no por que esté a gusto.
Todos se empujan en la Avenida de Liberty.
Andan todos mirando para abajo, como si el cielo estuviera al
revés.
El rezador del tren dijo que mañana es el último día.
Estas vías apestan a olvido
¡*El apocalipsis ya comenzó!*- repitió
No creo que nadie lo vea de frente, mostrando enfado
todos voltean la quijada para el lado opuesto
otros están esclavizados a una máquina sin conmoción.

Queens no es lo mismo.
Pintaron las vías del tren J verde opaco,
no es marrón como el barro del campo.
El hindú que vendía *Candy* en la 104 cerró su negocio
no le iba bien, creo…
Donde quiera que se mira una barbería se desnuda, un
Starbucks, o un McDonald's.
La bodega del primo que vendía pastelito y tarjeta pa' llamar
para Santo Domingo
se esfumó,
no creo que se le acabó la yuca.
Gente distinta anda en esto andares,
dicen las voces que ellos vienen de lejos,
bueno, así de lejos, de otro allá...
somos nosotros.
El calor sigue siendo fatal en verano
como la canción.
Los inviernos repletos de nieve,
dicen que los trajeron los forasteros.
No me mires así, ¡cónchale!
no es mi culpa,
ellos son de allá que es de aquí,
nosotros somos del allá que no es de nadie,

por eso a nosotros se nos hizo más duro
inmigrar en un nido apretado
echar el pico a andar
e integrarnos a la mala.

Queens sigue como siempre;
abriéndole las patas a cualquiera.
¡Entregándose!
Aunque lo cambien.
Aunque lo bañen de graffiti.
Aunque le cierren la bodega.
¡Entregándose!
Sin ver si eres de aquí, de allá, o el de más para allá.

RÍO HUDSON

Todo está en su puesto;
la necesidad, la vergüenza y las ansias.
Bucea hacia el colmado
hasta que la sed se convierta en oxígeno
olvida el plato desnudo,
olvida la batalla silenciosa,
olvida el ego terco,
todo por poner todo en otro puesto
cuando saliste de tu barrio
por no aguantar más bajando por la garganta
un grito de desesperación.
Y mira que tan falsas fueron las palabras de los otros,
tú nadaste lejos de la pobreza
cuando ya tenía ella estadía al otro lado del Río Hudson
con otro apellido
y las mismas mañas.

A Martha F.

LÍNEA DEL HAMBRE Y LA ESPERA

Long *líneas* of anxiety following me.
I woke up earlier than usual.
Three a.m. is my ordinary time to
stumble out of bed while
my *hijas* snore in Spanish.
I thought I made the right
choice,
of crossing the Atlantic in
chancletas.
I don't think it was enough
Look at me begging for food,
when back in my *patio*
aguacates grew.
I have all the papers necessary
to prove
my starvation,
my broken *inglés,*
my piece of soul,
my unemployment,
my fired-hard-working ass, and
my insecurities.
I am roughly naked
with full shelter of prayers.
The *palabras* are not sufficient
to outline the struggle of being
in a place that talks back to you with
attitude/indifference/*arrogancia.*
I came here first - to this building
that smells like a place that says no;
says no all the time to my needs,
says no all the time to my suffering,
says no all the time to my sleep, and

says no all the time to my life.
I'm still on the extended line with others that
have eyes pleading for some *humanidad*.
I don't know which one of us
is starving more.

OCTOPUS

Purposely becoming an octopus on a daily basis.
At the time of waking up
the sunlight, she is there with her
alarm. When
a pathetic unsanitary hundred-year-old floor speaks loudly she grabs
one of her multiple skills: motherhood
cleaning with the tip of what she can the
insects inside of the brains of her two sons that are washed
in the streets of Jamaica, Queens
It is not too late or too early
for you to grasp one of your numerous
hands/energies/sacrifices/prayers/sleepless nights waiting
with the TV on, hoping it talks back to you with sympathy;
"He is coming back," "*El regresará*"
that voice only inside the reflection of the silence
then you figure out what you can do with so many handles
carved with holes of unappreciation but
you stayed still under the pressure of holy water from the
responsabilidad
You survived another drowning, your dark circles told you
otherwise
the sun woke up the next morning, but you still gave birth
to another chore to another deception
to another breakfast to another part-time job
separating each of the four hands with saliva until you have to
put the entire world together with whatever is left of you
with no internal or external skeleton
spilling ink of *perseverancia*
Camouflaging with the mop in one palm and the gushed solid
water in the other until you become a *cuento*,
until the venom becomes liquid
to write on the ocean floor and not on the skin.

A Melido D. Frías

NUEVA YORK, ME HAZ HECHO UN CERO

"Nueva York, me haz vuelto un cero con patas y moño grande, Nueva York me haz hecho un cero que ya hace rato al lado negativo a vivir se fue, durmiendo parado en el tren, para dormir prestarme la silla nadie puede, mis piernas congeladas con un invierno que no es mío, doble piel tengo con abrigo más enorme que una funda de basura, "el martillo" me dicen porque mi cuerpo se clava donde sea que haya un mueble sin ocupar, Nueva York un cero soy con poco agrado, la misma ropa tengo desde el sábado, te robaste mi casita verde, mis tenis blancos, mi cuerpo, Nueva York, yo mi libertad te entregué, Nueva York yo soy un cero, Nueva York, tu mecedora ya no quiero ser, ya perdí mi tiempo y devolvérmelo nadie lo hará, que no eres nuevo cuenta me di, tarde ya porque ya somos dos."

For Melido D. Frías

NEW YORK, YOU HAVE MADE ME A ZERO

"New York, you've made me a zero with legs and a big bun, New York you've made me a zero already and I went to live on the negative side, I sleep standing on the train, nobody lets me borrow a chair, my legs are frozen with a winter that is not mine, I have double skin with a coat bigger than a garbage bag, they call me "the hammer" since I nail my body where there is a sofa for the taking, New York, I'm a zero with little liking, I wear the same clothes from Saturday, you stole my green house, my white sneakers, my body, New York, I gave you my freedom, New York, I am a zero, New York, I do not wanna be your rocking chair and I lost my time and nobody is going to return it, too late I noticed that you are not new, we are two."

Photo by Fernelis Lajara

A José Alberto F.

DYCKMAN DAYS

(uno)

Apartamento reducido con quince habitantes.
Alza al sol, prontamente que se eche a cabecear el otro.
Reposa uno, queda otro estacionado.
Uno en el pavimento rezándole a un santo.
Un cristiano hocicando el retrato de su mamá.
Los vecinos a lo alto marchando en una cabalgadura de
barbarería.
La luciérnaga ajena, se rueda al otro lado.
Le toca a otro
ir a atarearse,
me toca a mí
dormir en su lugar.

(dos)

Manhattan no era como se había matizado en los dichos.
Woman del Callao en la radio.
Everyone is dreaming of regreso.
Fantasía disipada con la hilaridad de la ambulancia.
Washighton Heights husmeando a frío.
Un abrigo más grande que los huesos suministrado.
Enjabonando el sucio de otro en un *restaurant*.
Comiendo de a poco, viviendo de a menos.
Ya falta poco para bajo cero.
Mientras el dictamen quiere retroceder.
Dyckman days,
Dyckman days,
no quiero volver hacia ti.

TRAFFIC & RAIN

llovizna

                           mística suelta

escupes las nubes del edén
mojadas deben estar estas tierras

                   llena de humo oscurecido

autopista de gente sin rumbo
que lleva más del campo en los olfatos de la ciudad

                  Santiago de los Caballeros

debería mudarse
Dejándose llevar y

               quedándose con El Monumento

Perdida de la realidad
Pensando desigual

            que llueva alegría en vez de ansiedad

el tráfico se calme en su cama,

       conmigo.

LEAVING. STAYING.

Pain in *esos* bones.
It is in me, the child.
The translation
enclosed in their mouths.
Years. Days. Solitude.
Healing.
Holding on.
Letting. Go.
Wanting to stay.
The sea is crying upside down.
Lost.
Found.
Taking my body with me.
Leaving my mind with them.
Praying to live without it. In this,
travesía.

- immigrant

SUBWAY CONFESSIONS

En el subway sucio, junto, des-unido
rumbo común con partidarios desconocidos
preguntándole a la ventana
¿Hasta dónde me perseguirá el agobio?
¡¿Dónde?!
El sueño se despeja en el portón que arrulla
su partida, su llegada
ellos van cabeceando
mientras yo...
voy duplicando fracciones en mis pupilas
esas que talvez no tornaré a ver jamás
que hallaré en mi vecino
ministerio
revelada
todo eso...
cada estación notificada en lucidez
y mis núcleos salieron con cada expresión
entregada al
americano,
ruso,
venezolano,
hindú
ellos van perturbados
la ansiedad circula
el tiempo no vuela como la suerte
tengo la adivinación
terminaré en el punto de venida
porque ahí... está mi morada
ahí... está mi secreción.

"My migration encompasses the dry brown Dominican soil I stepped on with bare feet as a girl, the snow-covered pavement I trod with rubber boots in New York city as an adolescent."

—Jocelyn Santana, *Dominican Dream, American Reality*

TAKE ME BACK TO SANTO DOMINGO WITH A METROCARD

Dreaming of the country they call "Nueva York"
Saving under the mattress the pesos and the effort to reach for
the Nueva York millions of people know as an
illusion of horny-endless-fluorescent snow
Until they land with their deception in their

    Routine

Solitude

    Monthly rent

The sweaty pants of the Metrocard is the new nightmare and
company
Empty J train whispering its vomit of fatigue
You want to go back to Santo Domingo,
but you stayed:

"Nueva York is New York, either way."

CONCRETE MADNESS

Starting Point

The transparent artificial mirrors on the glass are there everyday, greeting the souls living in Wall Street, ignoring the mutants, multiple *espíritus* contemplating the pavement, rushing to catch the A train and finally eat breakfast at nine p.m. The chicken looking thing moving at high speeds, dinosaurs are collapsing, the insufficient peace left on the living. Another tourist asking for directions deliberating whether they just landed in Mecca of heaven – sorry to disappoint you on that, you might change your mind when you visit the housing projects.

Desperation

Someone please explain that there's a world more relatable than Times Square. A mother holding a child asks us for some pennies with her chin, while holding a translated version of a suffering sign – help.

Calvary

The rest are intoxicated with a disease called survival. They look away but their hearts beat at a capacity that opens up their wallets for the rent, groceries, snacks, daycare, bills—and they give it all away. They are exhausted. They are tired. They forget their names. Their trains are leaving, until you hold the dirty doors anyway, half a body inside, while the rest fights with the dispatcher - "stand clear of the closing doors." A tourist takes a picture of the atrocity.

Acceptance

Someone please explain that this place has made the human into a living thing working extra hours just to pay and fulfill someone else's needs and chunky wallet…dying slowly of overdose and exhaustion, saying nothing to the fat rat passing by, living without counting the days, just walking under the grey reflections but leaving themselves *en casa* – whatever that word means.

RECOMMENDATION OF THE DAY

Dance *merengue* with your eyes shut
and look towards the horizon.
Imagine you are under
the umbrella of the *Caribe.*

Warning:

You should have a *jevo*[1] or any object that may
prevent you from falling to the floor.

---

[1] *Jevo/a*: in Dominican terms, is the boyfriend /girlfriend you are
madly in love with. He/she may be a platonic lover, a real lover, a
secret one, or one whom everyone knows about.

They said I am a beast.
And feast on it. When all along
I thought that's what a woman was.

—"*Loose Woman*," Sandra Cisneros

To María Tapia

VERBO MUJER

Verb
she is an action now,
turning tides into humans' wings
flying through creativity and tolerance
connecting the fog with a
painful typhoon that will leave
her standing and living today
like what she is;
a verb.

Action
she is a verb now,
licking with her creative chances
of stopping the sweat, lightning below
her spirit and stopping thoughts
of tornadoes to finally have
an infant crawling underneath her
like what she is;
an action.

Verb and action
she is both now
giving labor to more days
beneath her aboriginal dim hair
speaking loudly when hurricanes
loom, she moves any
rock with a vibrant smile
like what she is;
a woman.

MAKE THEM SHUT UP

When they tell
you that you are fat
devour each of their eyes
with all the words
you have under your tongue,
raise your hands like you're the
morning sky, expanding everywhere,
because,
unmeasured things can also be
beautiful,
you're beautiful and
la lengua no es baúl
the tongue is not a vault
filled with dust when
it needs to slap the minds.
And you will rise in the morning
like all magical things do
even if nobody is watching
and they just assume.

"El arte de ser mujer incluye muchas cosas"

–María del Carmen Santos

ON LOVING MYSELF

I have my stomach
full
roses and thorns
I possess
I am not surprised
of opening up
to see myself from within
a raw material
that's what we're supposed to be;
light and pain
echoing
echoing, burning.

EN AMARME A MI MISMA

Tengo el estómago
completo
rosas and espinas
poseo
no me sorprendo
de haberme expuesto
para verme desde adentro
un mineral bruto
eso es lo que se supone
que debemos ser;
la luz y el dolor
haciendo eco
haciendo eco, ardiente.

BLUE JEANS

People keep forgetting.
What?

Flaws aren't flaws until someone points them out.
Right...

As if we don't have enough low self-esteem
crawling under our sleeves
As if we don't have enough loss of acceptance
We are too much or we are too little
We are not enough,
for them,
We miss the substance only photoshop has
We lack perfection under the body
that only can be achieved with silicone

Be quiet!
That's why I wear blue jeans
Why is that?
Te crees importante...

No one is going to tell me I am ugly without my permission
No one is going to break the commitment
I have with myself
My wars are won
Be quiet!

I am going to wear my blue jeans.
Not for you, not for them, or the
unbearable
But PARA MI.
Go on and leave the door open...

To Jhoanna & Leidy

TERCERA GUERRA MUNDIAL

Mujer, you are in your own World War Three
fighting without a single *arma*
just you
with your long time memory
sour *recuerdos* without expiration dates
five years from now or *cinco* minutes *de hoy*
sola,
in the inevitable battle of conquering your
list,
sueños,
and the ability to talk when you are supposed to.
¡¡GRITA!!
Not with your
Taíno, non-european dark eyes or soul
sadly, not everyone can read them well
it is time to use your voice: the author.
Guerrera y luchadora
wise and 6 *sentidos*
woman, tell yourself this:
*"Las guerras en las cuales la vida nos asignan, terminan todas,
pero tu actitud, deciden su final"*

End this one now.

For Lely

MUJER

Mujer
Woman
They say you are sin
crust of just plain skin
getting what you want because of your long wavy hair
and no brains.

Mujer
Woman
Prove them wrong
Say more with the things you can achieve
without showing an inch of your leg
just the dimensions of your intelligence
y aprenderán ellos,
and they'll learn
that they need to be thankful for the
woman who
brought them into this world
and the *mujer*
who made them reborn.

SENOS ROJOS

Es que está arropado de la luna su ombligo
Es que escupe el color lava en los ojos
En medio de la oscuridad se despoja de los
pantimedias grises
y luego se prende fuego
en medio del tímido silencio
mordiendo por dentro se ve
los labios infierno acarician
Eclipse tiene que ser su nombre
Su círculo invisible
enseñando espectáculos en sus pezones
que
estar solo es estar acompañado
que
el fuego ayuda
y la cintura de una mulata enamoran
cuando el cielo cambia de falda.

RED BREAST

It is that the belly button is tucked in by the moon
It is spitting the color of lava in its eyes
In the middle of the darkness it sheds the
gray pantyhose
and then catches fire
in the middle of the timid silence
it sees itself bitting from the inside
caressing hell's lips
"Eclipse" must be its name
its invisible circle
displaying shows in their nipples
that
being alone is being accompanied
that
fire does help
and the waist of a mulatto makes you fall in love
when the sky changes skirts.

"Being a woman is worse than being a farmer - there is so much harvesting and crop spraying to be done."

— Helen Fielding, *Bridget Jones's Diary*

For Anairis

AFEITARSE LA LENGUA

It was not shaved at all,
the tongue, when it
spoke its mind.

Mind your own business.
Mind your own business.

Fields of crescent moons that
race from the backbone of the earth
are more fine-looking just
because they are free.

Mind your own damn business.
Mind your own damn business.

Thick brown spirals of sugarcane
are planted by supernatural hands
after a razor of insecurities slashes them,
cutting the crust of expectations;
It displays what needs to be under shields
of cotton.

Mind your own business.
Mind your own business.

Feathers hover over the floor
dying as they detach from a dot of skin

like a bird soaring, escaping from winter
but this was more painful to watch-
a crime scene with millions of targets.
They were part of the body, now they
are just loose strings.

Naked is the triangle now
bald and exposed showing signs of mutilation
spots with density to hold more tears
and those eyes, pleased after many cuts
that are never told
under a red cord
that only shows curves,
not appreciation
until they grow again like a barbarian beard
and the owner is labeled a "Flinstone"
in 2015.

Mind what matters.

"Women and cats will do as they please, and men and dogs should relax and get used to the idea."

—Robert A. Heinlein

COCINANDO FUEGO

My place is not in the kitchen
fixing the damaged portions of your dirty, horny mind
sneaking under the cabinets looking for some,
let's say, hope.
I am not one of the types who doesn't know how
to cook like a chef from the Food Network.
Don't get me wrong, more
than you think, I know.
More valuable I am, though.
I don't want to converse all the time
with frying pans about my big ass
smooching the spoons instead of a tongue.
No, no, and no.
I mean dancing is great, nobody said
it was awful, but lately
I'm holding a broom's arm more than a back.
It can be normal, right?
You reading this assume that I must be an
old lady with many grumpy cats
watching Don Francisco on Saturday nights.
I am not.
My Saturday nights are well spent, I'll tell you that.
I melt my hips inside a blender before eight o'clock
my neighbors bet I must be living the life,
THE BIG LIFE,
That's right…
My position is not in front of the sink
cleaning your damaged dreams
with my belly button,

baking my intelligence while you
sit in bed
waiting for your breakfast
with your feet up high
while I become just that–
a dessert for your appetite.

"Run a hand through your hair, like the white boys do, even though the only thing that runs easily through your hair is Africa."

—Junot Díaz, *Drown*

DAMN, BROWN GIRLS, DAMN!

Brown girls with huge afros
Fantasizing in Spanish
Eating mangos from *la*
mata de la vecina
I am desperate to touch
your Canal de la Mona inside
me
      I, want, to feel the *pueblos*

that sleep on your eyelashes
morena
morenos tus ojos
      I, want, to feel the passion of your harmony in my skin

It was you who invented climbing
trees to see heaven
from your books.
Rebel to *sembrar*
goodwill
Caña was first native
in your crust
since the days when
there were *taínos*
in the rear of the canoes
inhaling its own land
and not pollution

      I, want, to feel the life giving birth to more
trigueñitas who are fluent

in reason more than in words
Let the *chemba* shine
without that superficial junk
Damn brown girls, damn!
More of you should
let your feet walk free

I, want, to feel the intensity of your curls on my face
while I sleep. Bring me
the tropics in my
nightmares
make me throw up
my unawareness
of a culture that conceals
the splendor of
curvy intelligent magic
no, I am not asking for more
than to wake me up
from my stupidity,
my powerful
muchacha de canela.

I want to remember how the Caribbean was born inside my hips.
Quiero recordar como el Caribe nació adentro de mis caderas.

COLOR HURACÁN

Baila con los párpados cerrados
Abraza la cintura del Caribe
cómete los hilos de una chichigua color
huracán
Húndete
Húndete en un plato de miradas desnudas
Húndete en la bachata jíbara
Dale de comer un mango también si quieres a tu lengua
Muévete negra antillana
Muérdela
Muerde la noche.

Advertencia:
Por favor, no mover con intensidad las caderas de fuego.
Los vecinos envidiosos se pueden preocupar,
el piso no es el Caribe (lamentablemente).

Para Anabel Olmos

SOY PRIETA, BLACK

I am black. Negra, negra soy.
Negritos son mis ojos. De adentro
pa' fuera. Negra al fin.
De afuera pa' el rincón de mis tatarabuelos
Soy. Soy negra, I am black.

Una historia purificada en el hoy.
Un cuento que nunca acabó.
Soy negra, muchas cosas, soy.

Gusanos montados en mi cráneo
Hambre de espera
Cañaverales
Negra de cariño, negra,
Prieta soy.

Tantas maneras de ser una
I am black. Black.

Chemba grande
Africana-afro antillana
Canto espiritual en prohibición
Socorro del Congo
Soy Negrita, negra. Soy.

Fruto no mencionado
Cuerpo enterrado en almas preñas
con caras reconocibles
El tabú ignorado
Mente con músculo
Curvas
Monte

Atlántico
Black
Negra
Prieta
NEGRA,
Soy.

For Damaris y tía Angela

CANCIONES

The melancholy ones, they grab
the crust of the inside of my brain
They bring out the **desesperada** in me
They turn on the switch of my neediness
Turn up the radio with the tip of the chin
Bring the vine inside a rainbow
José José, Ana Gabriel, Luis Miguel
Those songs sound way better when
I want to take down the world with my tongue
When I want to do whatever I want
When I am mad
When I no longer care
When I am superwoman
I'll grab those songs by the waists
Squeeze them like oranges
The same way they eat my insides out...
**Enamorada sí, soy, lo admito, pero
bruta, ¿bruta? jamás seré.**

"Sigo mal, y seguiré peor,
pero voy aprendiendo a estar
sola, y eso ya es una ventaja
y un pequeño triunfo"

—Frida Kahlo

BULTO MEDIANO

Lo peor es caminar sola, entre el sí y el no
La clausura misma en su patio te amarga.

La sobresaliente parte se borra
y no se sabe si cogió mis botas prestadas
y se buscó a otra
Todavía estoy cavilando cómo evitar lo inevitable
y sacarme el callo de las sombras
Ahora que me cedieron con mi bulto mediado,
sirve de pauta
de verdugo a mi lomo
Ya tengo todo el delineador de ojos,
manoseado
parezco más bulto que veterano
sin apetitos me sigue el rastro
No me deja tirada a mitad del cielo
como los demás.

Puso mi corazón a oir bachatas
loco de celos y ahora presiento que me ata
de su voz de su piel y de su ser
le susurro al oído que no puede ser
(shorty got me) envenenado de sus besos
(shorty got me) enloquecido por su cuerpo.

—"*Voy Mal Acostumbrado*," Aventura.

TE CONOZCO DE ALGÚN LADO ...

No sé quien eres…
Reconozco tu cara
desde aquel encuentro de
miles de años atrás cuando el
viento no tenía rostro
y las cosas no tenían nombre.

I KNOW YOU FROM SOMEWHERE...

I don't know who you are
I recognize your face
from a thousand years ago
when the wind did not have one
and things had no name.

PALOMO

Pegadito se baila mejor
They said

Pégate otro chin más
They hesitated

Como te enseñé
They clapped their hands

¡Baila con ánimo!
They yelled

Tú parece un robot,¡muchacho!
They shake their heads

Suelta esa mano¡No eres guardia ni guachimán!
They made an ugly face

Parece que tiene un bloc en los hombros ¡Qué vergüenza!
They laughed

¡Dale pa' bajo, dale pa' bajo!
They clapped their hands more

¡Ese es mi hijo, ese es mi hijo!
A voice was left alone through the rhythm of bachata
He was proud, and I was shy
as hell.

No me hagas pasar vergüenza...
He got angry

Abraza la muchacha, ¡no seas palomo!
Palomo and a half, I was

¡Dios mío!
He yelled

I got closer and closer
Like when you move a chair that has been in the same place for
centuries

¡Ahí… ahí… así me gusta a mí!
He was grinning from ear to ear
I was too close, I could smell the dirty daisy perfume

¡Ese es mi hijo, salió a este tolete de hombre, carajo!
He exclaimed with his hands open as he waited to receive
something for free
The Aventura bachata felt like heaven's call

I was not the loser anymore
Loser's days were long time gone
Can you believe it?
Nah…
Not for too long,
The dad was a *coronel*
he arrived with his uniform *bien planchado*
when he saw me *pegao* like *a cacatúa* to his daughter
he was moving to grab his gun.
You should have seen me running…
I ran like Félix Sánchez in a *jet*
I won the olympics of *palomería*
No, I was never the man.

LIAR

Sus ojos mentían
pintaban un mundo invisible de espejos
Sus pupilas gritaban como dos estrellas recién nacidas
Aparte de ciegas,
también,
mis palabras se hicieron mudas

Sus ojos mentían
estoy segura que aun se repiten
en diferentes frentes con el mismo desenlace
Otras víctimas
Que cambian de puesto
Pariendo meteoritos opacos
Debajo de las pestañas

Sus ojos mentían
a la hora de marcharse viniendo en el rayo de luz
Dándole un traje nuevo a la verdad
Encarnado un universo sospechoso
la cara que se mira mordiendo
Frecuentando su antesala de paso
Pereciendo leventemente lo que fue;
una coma disfrazada de cama.

EL TIPO SE FUE A DORMIR MAD

Tengo preguntas ilícitas.
Pones el ojo en un estado de coma.
Abres las piernas por el hoyo de la cerradura.

(Volteas)

Pones el cuerpo a hablar mudo.

(Volteas)

Ronca el sosiego.
Las dos de la madrugada ponderan.
Las dos de la madrugada y dos minutos transitan.
Las dos de la madrugada y tres puntos suspensivos.

(Giras)

¿Qué le diste de comer a la luna?
La intranquilidad está custodiando las pampas de tu cabello
Dentro de tu cejas hay un enfado
La oscuridad no puede ocultar todo
te dilata tu respirar
Volteas solo para extender la mano que pesa
Giras para amoldar el cansancio
Quedas estancado de tu lado izquierdo
Al otro lado está el Canal de la Mona
alzando la corriente
Pero no tropezando con otra yola en su lecho.

QUE NOS UNA EL ARROZ

Food united us!
    Like a blank matrimony certificate
        No one else could see
the *compromiso* of empty pages
    and long history
        The contract was there
with white-dressed *arroz*
    tender *carne guisada*
        green salad
melancholy *jugo de limón*
    and love,
        There was no divorce
involved
    in
        tasting dreams.

CURVE OF YOUR EYES

If a singular verb had a face
it would have the exact shape
of the curve of your spheres;
round and mixed that
brought us here in three Spaniard ships
A deep ocean with millions of swimming stars
A native drawing a line in the new world
A Dominican palm tree with long feathers
A skyline that screams
million of verses
Crawling in the face
Saying nothing with its mouth
Saying everything with its eyes.

HEAT WAVE

Reheating what is
already cooked:
dreams/patience/passion
Burning the remains
of sweat, of tiredness
New York City do not break
my soul one more time
In the heat you let out
when, from the beginning,
the heat wave was
inside me.

- I am sorry -

> *"Cómo ha pasado el tiempo,*
> *parece que fue ayer cuando lloraban*
> *en su primer día de escuela"*
>
> —José Luis Perales

MALETAS DE AIRE

Después que se marchen con sus maletas repletas de sueños
nos quedaremos tú y yo.
El tiempo
ah... el tiempo
Rayos vestidos de ángeles
confusiones corriendo en patines
pasarán por aquí
Estamos estando lejos
pero sí, estaremos
Quizás sí, yo seré otro
jugando nuevamente
con tu cabello rizado
seremos otros
Agarrándonos a la vida
en la cima de la casa vacía.

EN EL CUERPO DE FRIDA

Que duerma la poesía vestida esta noche
Protegiéndose de los ataques del sueño
Vistiéndose con ojos ciegos
de los que se oponen a sentir
Desnuda con las piernas afeitadas esté ella
Sublime en el cuerpo de Frida
Frígido   d u l c e
Distante   a m e n a
Egoísta   a p a s a s i o n a d a
Mujer con talento de torero
Página con los pechos dirigiéndose al colchón
Puerta bien cerrada
Entre la mente esté
Vistiéndose con gafas anti-cinismo
de los que se resisten a vivir
desvestida con curvas desveladas esté ella
sublime en el batallón de Frida
Frígido   m a l d i t a   s e a
Distante   e n t r e   l a   a l m o h a d a
Egoísta   a m a n d o   e l   e s p a d a r
Mujer con talento de trapecista
Página con la tinta derramándose en la cama
Puerta media abierta
entre el cerebro esté
que sea ella; poesía.

DESESPERACIÓN

La desesperación hace que
los barrancos se conviertan en puentes
Un "no" en un "quizás algún día"
Un adiós en una puerta infinita
La caída en un pequeño descanso.

IMPATIENCE

Impatience makes
the cliffs become bridges
A "no" becomes a "maybe one day"
A goodbye becomes an endless door
The fall becomes a small break.

PINTURA SECA

I
paint to forget.
To assume that people will stop
following others,
as if this were **a circus of ignorants.**
I
disregard it for a while, until
I
put down my brush
and the acrylic paint begins to dry.
I
look up and society keeps making
the same
mistake,
& los ojos se quedan abiertos,
cuando la mente quiere descansar.

"More than anything, this place feels familiar. I bury my hands in the hot sand and think about the embodiment of memory or, more specifically, our natural ability to carry the past in our bodies and minds. Individually, every grain of sand brushing against my hands represents a story, an experience, and a block for me to build upon for the next generation. I quietly thank this ancestor of mine for surviving the trip so that I could one day return."

— Raquel Cepeda, *Bird of Paradise: How I Became Latina*

A LA CASA VERDE CHILLÓN

Regresé a buscarme, ya había partido
Buscándome y rebuscándome entre días
poniéndole un peso a las decisiones hambrientas
Esta tarde lluviosa retorné a mi casa
a buscar la que dejé atrás entre trenzas
no estoy, habito en el zinc pichado
palabras hechas de carne se quedaron en la terraza
ya no es mi casa verde chillón
todo está cambiado, hasta el color del canto del río
las maderas de las ventanas tomaron un retiro
no me encontré a mí sentada en el piso
sangrando recuerdos
marcando el pueblo con las visitas
ni es mi casa
hay otros inquilinos
me envenena el olor a polvo de camión
el signo invisible de la cerradura
¿o siempre fue venenosa?
Con las palabras bien cortas
Quiero regresar sin maletas y encontrarme
a la cercanía lejana
Desnuda con lo que extraño del tiempo
Los ojos bailan y me escupen silenciosamente
Buscándome y no encontrándome
Regresando a encontrarme
Tal y como fui.

PARIENDO MONSTRUOS

Tanta gente
Tantas civilizaciones
cosas extrañas dentro de uno y el otro
conscientes de que no volverán a ser los que fueron
Tratan de ocultar su loca desesperación
El mundo no es suficiente
demasiado negro pariendo monstruos
siguen nobles
es un pecado en estos tiempos
deben olvidar
deben luchar
deben cambiar
y mañana se quedarán en el centro,
en el profundo llano
de las caderas del tren sucio.

MUCHOS SIGNIFICADOS

Cuando sea tiempo de irse
tu respiración te avisará,
por ahora…
sigue caminando.

MANY MEANINGS

When it's time to leave
your breath will let you know,
for now…
keep walking.

Si alguien quiere saber cuál es mi patria se lo diré algún día.
Cuando hayan florecido los camellos en medio del desierto.
Cuando digan que las mujeres bajan sus dos manos de la cabeza
y la alzan en la brisa, cuando los trenes salgan a la calle el día de
la fiesta con sus vías bajo el brazo y descanse el fogonero.
Cuando la caña se desnude y rían los machetes en fuga hacia el
batey dejando en paz las manos sorprendidas.

—*"Si Alguien Quiere Saber Cuál es mi Patria"*, Pedro Mir.

A la Memoria de mi abuelo

CORRIENDO TODO EL DÍA ESTA LA SOMBRA

en sombrero cibaeño
con las pestañas calcinadas
y colonia ilustre

                    amansada
                    temerosa
                    hechicera
con magnos zapatos de tierra
El machete del aliado
bruno ya es
su tez dice otras cosas
Campesino ara la finca,
como ara los relatos
la loma adentro
pino del viento
colando café en los llanos
sembrando yuca y guineo
en las lucernas del monte
con la vieja esperándote en la cien
Radio Mil Informando doblado en el brazo
Con el canto de los grillos, regresa
y pon la sombra a recogerse en tu hamaca
por unos intervalos
Hasta que el gallo cante diligente
con el campo en la garganta.

El que trabaja sin malas mañas, no tiene que tenerle vergüenza a nada.
One who works without bad habits, doesn't have to have any shame.

AXILAS COMIENDO SUDOR

El motor no es mío,
pero mi mente es mi
pertenencia
yo soy el pueblo que quema las entrañas.
Yo también, encuentro lo que se deja y lo hago nuevo,
todo por esa mesa
que me espera paciente en el bohío. Ese
racimo de plátanos y yo nos entregamos al camino
de polvo, en busca de la necesidad con el día montao' en la
espalda.
Conmigo las metáforas se visten con nombres de pueblos
recorridos y bocas llenas,
Yo, sin tener nada, tengo lo que es necesario.

UNDERARMS EATING SWEAT

The motocycle is not mine,
but my mind belongs to me.
I am the town, burning entrails.
I, also find what is left and do it again,
all for that patient table waiting for me in the cabin. These
bunches of bananas and I give ourselves to
the dusty road, searching for necessity with this day riding on
our backs.
With me, the metaphors get dressed with names
of cities and full mouths.
I, who have nothing, have what's necessary.

ROLOS MAL HECHOS

- El cabello bueno no necesita jalones -
voces repitiéndose en cada rincón del oído.
¿Cuál es el cabello bueno?
¿El que no se ensucia, ni se lava, será?

Póngale vaselina de coco que no respire
Póngale acondicionador de la isla que no cueste un riñón
Póngale ampollas de reparamiento de la vida que no hablen
mentira
Póngale aguacate con aceite de oliva que no sea delante del
público
Póngale un bombillo al cerebro
Póngale
Póngale
Póngale hasta que se canse de poner
Y cuando se canse,
cuando le llegue el cansancio hasta las esquinas y oídos, ahí,
en ese preciso momento, póngale más vainas.

Luego hágase los rolos, aunque sean mal hechos.
Póngase las alcantarillas altas en mitad de su cráneo
póngase en el secador por media hora
póngase a sudar como pollo al horno
póngase a oír los cuentos de la fulana y fulano de tal
póngase a rezar
póngase a meditar que va cocinar
póngase una toalla anti chisme en los oídos
póngale una lámpara al cerebro
Y cuando esté cansada de ponerle tanto,
¡póngase más!

Ya casi tiene el cabello bueno.
Yeah right!

Quítese los rolos mal hechos

úntese grasa de oso
Mate los rizos con el puñal flaco y negro.
Desaloje la caspa y prenda el secador macabro
Estire los cabellos hasta que se pasme el cráneo
Luego que todo esté alisado
pásele la plancha
pásele la mano
pásele un pasaje de belleza
Y hágase un tubi
como una rueda, que aunque se empuja regresa.
¿Cuál es el cabello bueno?
El que no pasa trabajo - me contestó.

GOKÚ DOMINICANO

Dándole patadas voladoras a las nubes
Volando en el aire con su atuendo rojo
En un motor setenta medio nuevo
Mente electrocutada sin luz

No asiático
pero sí genuino
Maestro de cotorra
Licenciado en sinvergüencería avanzada
Manso, no como paloma,
sí como buitre
Fotógrafo a blanco y negro de día
Murciélago cuando la noche se baña de fulgor

Habla ronco, con sed y sequía
Dicen que se llama "El Chulo"
Su nombre de cuna es muy feo pa' escribirlo aquí
Con diferentes profesiones según la necesidad
Primero en apuntarse en un velorio
Consolador de mujeres perdidas
Ayudante municipal del chiste
No cobra, pero vive bien
Depende como se le quiera mirar

Tiene el armario repleto de ropa fina
Colores opacos, blancos y en medio de estos
Nadador de perfume
Zapatos largos de cocodrilo
Pantalones ajustados
Un corte con la cepa pelá'
Sus cejas son dos signos de exclamación;
largas y flacas
Y un bocito que intimida
Depende de que lado lo mires

Vive en el barrio
pero nunca está en su aposento
Baila bueno
Cocina bueno
Aconseja bueno
Miente mejor
Dando patadas al aire
buscando esferas rojas con estrellitas de oro
que lo saquen de la pobreza
pero no del swing.

APAGONES DE POBRES

se fue la luz
Utopía con espíritu
perturbada está la bombilla
honorario con poemas,
de cualquier modo usa la cama
con todo y tacones
se arrima con la pradera de Jarabacoa
se marcha en su oportuna luz
Las reuniones públicas comenzaron
los delicados tienen el aire prendido
los de abajo están en el patio
dando espacio a sus páginas
Espectáculo
el tiempo vuelve a su estado original;
dando la cabecera al pasado que no es tan desigual
el radio de pila se incentivo solo
Sonó la bachata
Hay tiempo para reposar la cena
Charlar con los pájaros
Entrevistarse al vecino
Cantar
Despejar
Se fue la fosforescencia otra vez
Esta dispensa no es de ricos
Ellos no conocen que es estar a lo foco
besando la noche con el pulgar
con el radio de pila vociando cantidad.

"Maybe if I just lie under the sun long enough I will melt like an ice cube and all my sadness will evaporate into the air so I can start again."

—Angie Cruz, *Soledad*

HOME

I call my own things I cannot
hold for too long
Those things with names someone
else gave them
they got tired of looking up
without calling it sky
Those things: the wind, the moon,
and the voice, I call them **my home**
I called them my own
I cannot grab them
but they are born inside my silence
I don't want to touch them,
I feel them.

CASA

Yo llamo mías, las cosas que no puedo
mantener por demasiado tiempo
Esas cosas con nombres que alguien
más les asignó
Se cansaron de mirar hacia arriba
sin llamarlo cielo
Aquellas cosas: el viento, la luna,
y la voz, las llamo **mi casa**
Las llamé mis propiedades
No puedo agarrarlas,
pero nacen dentro de mi silencio
No quiero tocarlas,
Yo las siento

*Yo he sido la peregrina
que nunca ha tenido casa…*

—*Sola*, Lolita Lebrón

A HUNDRED YEARS OF TAMBORAS

Don't ever look at me
like I'm a disease
you need to adjust to
pulling and pushing cables
from my waist and
the skin of the drums
sounds of Atlantic waves
because they're in me
I am in them
I won't ever sound like you
I am the diaspora
I am daughter of the ocean
I am the foreign sound
that speaks in kilometers and accents
of wooden green houses and broken English
As you try to fix my rhythm
my curves will still
sound like a hundred *tamboras*
sucking the ground.

PENSAMIENTOS

Después de todo, tus huellas de hoy…
serán el remitente del mañana.

THOUGHTS

After everything, your footprints from today…
will be the messengers of tomorrow.

DESSERT PARA LLEVAR

Una gracia especial to my parents; Martha y Modesto Plasencia, my sisters, niece, and brother-in-law for helping me along the way *en mi jornada de inmigrante, crecimiento, caídas junto a levantadas y mundos opuestos.* Also, I would like to thank all my family members who inspire me and for always bringing happiness into my life; *a mis abuelitos y todos los demás, son muchos para mencionarlos a todos aquí.* To the *familia* Santos, including my mother and sister-in-law, all who opened the door of their houses and hearts. Thanks to all of those que *he conocido en el camino,* old and new friends, teachers and mentors, who have supported my dreams in one way or another, *a ustedes los llevo donde quiera que voy. Gracias a* Joelle Santos and Fernelis Lajara for providing me with amazing illustrations for this book. I can't miss *la mujeres fuertes* de DWA, Angy and Karolyn -- who pushed and help me to make this book a reality, and *la dura,* la dominicanyork, Josefina Báez *por toda la luz posible y claro, el mambo.* I would like to give a thanks to my right hand, who always listens to my poems and ideas fighting against tiredness, thanks Oliver. Finally, to my land, *ese pedazo de tierra que llevo en mi cabello, memoria y voz, a los que se mudaron del suelo y me vigilan siempre (sentados al lado del que lo sabe todo), y a ti,* thanks to you, reader, who finally came into my life. *Gracias por acompañarme en la cena de la nostalgia.*

ABOUT THE AUTHOR

Fior E. Plasencia (Mujer con Voz), a lover of perico ripao' and mermelada de guayaba, was born in Jarabacoa, Dominican Republic. An artist and poet who studied History and Education at the City University of New York, Brooklyn College, Fior moved to New York City at the age of 12 and began writing short poems often using what she was learning in her bilingual class. Her work has appeared in *The Acentos Review, Teamguerreras.com, New York Dreaming, Brown Loud and Proud Zine, Homegirlz Zine,* and others. Para Cenar Habrá Nostalgia is her first published book. The author now resides in the United States. You can find her work at: **www.mujerconvoz.com**